APPEL A LA FRANCE

SUR

LES VÉRITABLES CAUSES

DE LA

RÉVOLUTION DE 1830.

PARIS. — IMPRIMERIE DE COSSON,
Rue Saint-Germain-des-Prés, n° 9.

APPEL A LA FRANCE

SUR

LES VÉRITABLES CAUSES

DE LA

RÉVOLUTION DE 1830,

PAR M. LE VICOMTE DE SULEAU.

> Sunt justi quibus mala proveniunt quasi opera egerint impiorum : et sunt impii qui ita securi sunt quasi justorum facta habeant. Sed et hoc vanissimum judico.
>
> (*Verba Ecclesiastæ filii David.*)

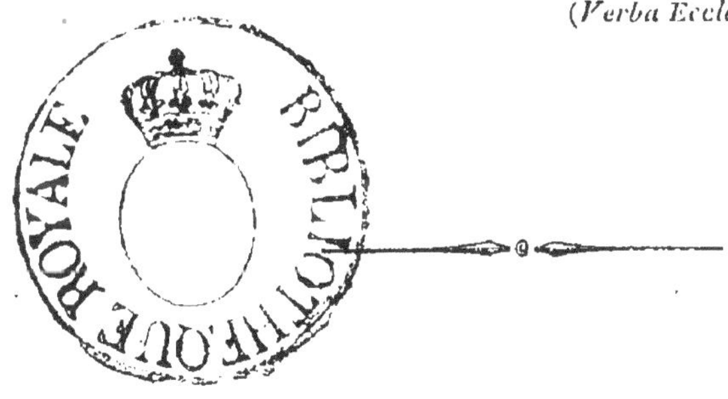

A PARIS,

Chez PELICIER, LIBRAIRE, place du Palais-Royal;
DENTU, LIBRAIRE, Palais-Royal;
DELAUNAY, LIBRAIRE, Palais-Royal.

1831.

APPEL A LA FRANCE

SUR

LES VÉRITABLES CAUSES

DE LA

RÉVOLUTION DE 1830.

C'EST une vérité non contestée, une vérité historique et populaire que Louis XVI a trouvé la mort au terme de toutes les concessions ratifiées sans retour par la conscience du plus honnête homme qui ait jamais porté le titre de Roi.

Mais, s'il faut en croire la révolution de 1830, Charles X, au contraire, aurait trouvé la déchéance et l'exil dans un effort tenté violemment pour reconquérir sur son peuple les concessions écrites dans la Charte, pour briser cette Charte, gage de l'alliance renouvelée entre son peuple et lui.

Ainsi, la révolution ne pouvant se justifier d'une sanglante offensive, prise en 93 contre la royauté, voudrait que la dernière violation des droits de cette royauté, renversée de nouveau en 1830, ne fût aux yeux du monde entier que la suite d'une légitime résistance opposée à une injuste et perfide agression.

La catastrophe de juillet ne serait dans ce système qu'un page de plus ajoutée à l'histoire tragique de ces dynasties, condamnées sans appel, non-seulement pour n'avoir pas su marcher avec leur temps, mais pour avoir joué leurs destinées dans des entreprises coupables contre les droits et les libertés de leurs sujets.

La portée de cette accusation est immense; qui ne voit qu'après avoir motivé les premiers actes de la révolution du 7 août, elle peut en motiver bien d'autres encore? qui ne voit qu'elle ne peut peser sur la tête de la royauté proscrite sans peser sur cent mille autres têtes à la fois? Si l'échafaud de Louis XVI ne fut pas solitaire, si le sang de la

France dut se confondre à grands flots avec le sang de la victime royale, est-il permis de se méprendre sur toutes les conséquences que la logique barbare d'un parti pourrait tirer tôt ou tard de l'arrêt prononcé le 7 août contre la royauté, tombée cette fois sous le poids d'un crime reconnu, et qu'elle n'aurait pu commettre sans complices et sans adhérens? Or, ce caractère de complicité et d'adhérence existant dans la restauration tout entière, elle aurait donc été mise en cause le 7 août avec la royauté; et la déchéance de celle-ci réagissant sur une époque de quinze années, changerait presque tous ses actes en autant de crimes ou de nullités.

Un pareil mensonge serait gros de larmes et de sang pour plus d'un demi-siècle. Faut-il le laisser s'établir sans combat dans toutes les convictions? La vérité, dit-on, ne prescrit point et triomphe tôt ou tard; mais nous ne savons que trop à qui profitent les ténèbres auxquelles son absence livre la terre. Que la révolution se repose avec orgueil dans sa victoire, mais qu'elle dédaigne une ruse inutile; et gardons-nous bien de laisser des motifs à sa colère et les apparences du droit aux abus de la force.

Non, le second roi de la restauration n'a point

succombé dans une attaque déloyale dirigée contre la Charte, mais en défendant son intégrité avec des armes inégales et dangereuses contre ceux qui ne la voulaient point et ceux qui n'en voulaient qu'une partie.

Je m'expliquerai peut-être plus clairement encore en disant que bien qu'au mois de juillet dernier le droit public de la France ne reconnût encore qu'une Charte, il y en avait déjà deux dans le pays, celle de la royauté, empreinte de tous les caractères de son origine, et une autre Charte fille, comme on le voudra, du progrès ou de l'aberration des idées, peu importe; mais enfin deux Chartes se disputaient la France, et cela seul explique l'acharnement avec lequel chacun, peuple et Roi, a combattu pour la sienne, la croyant sans doute la meilleure et la seule vraie.

Aux mille voix confuses qui vont couvrir la mienne, et répéter de toutes parts que la royauté est sortie de la Charte par les ordonnances de juillet, je répondrai avec calme qu'il résulte de ces ordonnances, de quelque manière qu'on les juge, non que la royauté ait voulu sortir de la Charte, mais que, battue par ses ennemis et poussée par eux de position en position, elle n'a trouvé dans cette Charte pour dernier refuge qu'un article douteux, et dont les nuages ne couvraient qu'un abîme.

Mais vous qui accusez la royauté d'être sortie de la Charte le 24 juillet, n'en étiez-vous point sortis avant elle? c'est là toute la question. Quoi! le 24 juillet la chambre des députés, les journaux, l'opposition libérale en un mot, et tout ce qu'elle entraînait avec elle dans le pays d'opinions et de volontés, réclamaient encore toute la Charte? Quoi! les deux noblesses, leur rang et leurs honneurs, la religion catholique, religion de l'état; la pairie héréditaire, l'initiative de la couronne, son pouvoir suprême, l'ensemble imposant de ses attributions et de ses prérogatives? Quoi, la Charte octroyée, la Charte avec son préambule, la Charte destinée à renouer la chaîne des temps, et donnée la dix-neuvième année du règne du monarque, qui à cette époque n'avait pas encore secoué la poussière du voyage qui le ramenait en France? Quoi! tout cela était le 24 juillet dans les vœux et les respects de l'opposition libérale, et cependant tout cela était, sinon la Charte tout entière, du moins une partie de la Charte octroyée et acceptée comme l'autre, et à ce double titre non moins obligatoire? Et cette multitude furieuse qui marchait sur le Louvre aux cris mille fois répétés de vive la Charte, dira-t-on sérieusement qu'elle allait donner ou recevoir la mort en l'honneur de la Charte de Louis XVIII?

Ce que vous avez fait quelques jours plus tard contre cette Charte en en supprimant une moitié, ce que les passions que vous avez soulevées, et qu'indigne un nouveau frein, voudraient faire en vous arrachant l'autre moitié, prouve assez de quel côté a dû venir la véritable agression.

Disons donc toute la vérité: la révolution de 1830 n'a point été réduite à renverser la dynastie pour sauver la Charte, mais elle s'est portée d'une égale ardeur au renversement de la Charte et de la dynastie.

La dynastie, au contraire, est tombée pour avoir vu dès 1814, dans la Charte, un traité de paix définitif et complet, tandis qu'elle n'aurait dû y voir que les préliminaires d'un traité dont un intérêt commun rendait seulement la conclusion vraisemblable.

Entourée alors d'hommages et d'acclamations populaires, ramenée du sein de l'exil sous les lambris de ce Louvre, qui depuis vingt-quatre ans portait un autre pavillon que le sien, et qui semblait tressaillir comme la France elle-même à l'aspect de ses anciens hôtes, la royauté, qui longtemps encore n'aurait dû vivre que sous la tente, a cédé trop vite à l'attrait puissant de la confiance; la rédaction de la Charte s'en est ressentie, et son pouvoir constituant s'est arrêté sur les limites même du territoire litigieux entre les intérêts divers qu'elle se proposait de concilier; il semble qu'à l'aide de ce pouvoir, que rien ne bornait alors, elle pouvait puiser un long avenir aux sources de vie ouvertes devant elle; par quelle étrange fatalité faut-il qu'elle ne se soit mesurée de ses propres mains que quinze ans de durée !

Voilà ce qu'il faudrait enfin examiner de bonne foi, si l'on veut trouver la cause de la nouvelle crise qui vient d'ébranler l'ordre social, cette cause qu'il ne faut chercher ni dans des superficies trompeuses, ni dans les profondeurs d'un passé lointain, ni dans les événemens de la veille.

Les factions, je le sais, trouvent plus commode de tout expliquer par les torts du pouvoir qu'elles ont vaincu, et, tout tombé qu'il soit, de continuer à le frapper avec les armes de l'injure et de la calomnie, comme si ces armes ne s'étaient pas brisées dans leurs mains le jour même de leur victoire, comme si ce jour-là même ne commençait pas, pour le pouvoir et pour ses adversaires, un autre ordre d'idées et de dispositions,

Neuf mois nous séparent à peine du jour qui a vu trois générations de rois, la fille de Louis XVI et une jeune mère, dont les joies de la France avaient consacré l'enfantement, rendus avec un morne deuil à ces mêmes flots qui nous apportèrent avec eux il y a quinze ans, l'intégrité du territoire que les aigles de l'empire ne protégeaient plus, et la liberté politique que nous avions demandée en vain à tant de constitutions éphémères.

Les passions qui ont rejetée de nouveau sur la rive étrangère cette famille, privilégiée dans ses disgrâces comme dans ses grandeurs, ne sont point encore apaisées. Tout abattue qu'elle soit, on la voudrait, s'il est possible, plus terrasssée ; de rois qu'ils étaient il faut qu'ils soient moins que citoyens ; une loi est sur le point d'être rendue qui leur défendra l'air et le soleil de leur pays, et qui ne permettra pas que les héritiers de cette race de Rois, qui ont fait avec tant de patience et de génie le royaume de France, qui l'ont conquis et gagné pièce par pièce sur la féodalité, sur les Anglais et la maison de Bourgogne, que ces princes enfin, qui de nos jours ont eu le bonheur inouï de retirer deux fois des mains de l'Europe coalisée la France intacte et sans tache, puissent y posséder même un arpent de terre. Les tombeaux où dorment Louis XVIII, le duc de Berry, et les trois derniers Condés, voilà tout ce qui leur restera, et encore pour combien de temps, de ce rêve que nous aurons appelé la restauration.

Eh bien! au milieu de tant d'adversités accumulées, qui pourrait affirmer cependant que les rigueurs de l'opinion soient pour les exilés d'Édimbourg ce qu'elles étaient naguère pour les hôtes puissans du Louvre? Le temps a marché, et que d'illusions emportées dans son cours! Quel spectacle que celui de la liberté qui se sent défaillir sous le coup qui a renversé le pouvoir, et qui, promise à de si hautes destinées par ses ennemis, reste immobile et troublée sur les ruines qu'ils ont faites en son nom! Quelle leçon pour les peuples que cette impuissance invincible et soudaine qui a saisi les factions le lendemain de leur victoire, et qui les force à se consumer sur le problème toujours insolubles pour elles de l'ordre sans arbitraire ou de la liberté sans anarchie! que de mécomptes, que d'accusations réciproques commencent à scinder des rangs naguère si compactes! que de révélations imprévues, que d'aveux étonnans, sans compter ceux que l'orgueil du parti-pris, retient encore sur des lèvres, qui ne nous diront toute l'amertume du calice que lorsqu'elles en seront à la lie!

Voici venir sur ces entrefaites après tant d'espérances déçues, tant de songes évanouis, les tristes réalités de la hideuse banqueroute qui s'est assise sur le seuil des ateliers solitaires, et de l'impôt qui, s'augmentant chaque jour en proportion inverse de la confiance, menace d'écraser les contribuables sous un poids que n'allégera plus désormais le levier du crédit public.

Le moment est donc venu pour toutes les intentions pures de s'adresser à la raison de la France : bien fou celui qui de notre temps chercherait la renommée pour elle-même, et poursuivrait dans ses rêves quelque chose de mieux que le repos et l'obscurité ; mais la parole est aussi l'arme avec laquelle il faut défendre la paix de ses pénates sur la place publique ; et nos lois nouvelles, en admettant une entière liberté de discussion, ont subordonné les destinées de la société aux arrêts de l'opinion, redoutable divinité des temps modernes, que chacun doit se résoudre à conjurer par tous les sacrifices, même celui de son repos.

Je parlerai donc, et je parlerai sans haine comme sans crainte, car il m'a toujours paru que ces deux infirmités du cœur humain doivent écarter des affaires publiques quiconque en est atteint.

Blessé avant ma naissance par la révolution qui

a choisi mon père pour l'une de ses premières victimes, et qui me retrouve trente-neuf ans plus tard plaidant la même cause que lui sur de nouvelles ruines.

Appelé aux affaires par la restauration qui m'avait recueilli dans les camps de l'empire, alors forcé, quoi qu'on puisse dire, de lui céder l'honneur de sauver la France, je me tairais si je me croyais sous la double influence de l'injure et du bienfait; mais parmi toutes les tyrannies, qui ne me verront jamais fléchir devant elles, je place en première ligne celle des haines de parti, et des préjugés de situation.

Tous les esprits élevés comprennent très-bien qu'on peut se roidir contre des opinions dominantes sans être moins fidèle à son pays, que dis-je, sans cesser de l'aimer jusque dans ses écarts. Quant à moi, je l'aimerais jusque sous la verge de ses rigueurs et de ses injustices; je veux que ses bons et ses mauvais jours soient les miens, et le sol de la France tremblerait sous mes pieds que je ne sais quel invincible attrait m'y retiendrait encore, comme les habitans de ces chaumières placées au pied du Vésuve bravent sans se décourager ses fréquentes éruptions et sa lave toujours menaçante.

Mais quels que soient mes sentimens pour la France, j'excepterai toujours des sacrifices que je suis prêt à lui faire, celui de ma conviction, surtout quand le redressement de l'une des plus grandes injustices de l'opinion, m'apparaît en même temps comme la première garantie du salut de mon pays.

N'est-il pas temps en effet que notre situation soit approfondie, et que les causes réelles en soient enfin cherchées au-dessus de ces données vulgaires qui se bornent à tout expliquer par le parjure du prince, ou par l'ingratitude et la turbulence du peuple?

Ce sont les ordonnances, mesure offensive, qui ont fait la rébellion, disent les uns; non, disent les autres, les ordonnances, mesure purement défensive, ont été opposées à une rébellion qui était déjà dans les idées et qui se préparait de toutes parts à passer dans les faits. Mais que prouver enfin, soit par les ordonnances, soit par le soulèvement immédiat qui les a suivies? Ce sont bien les formes, les formes à jamais déplorables qu'un événement irrésistible a revêtu dans sa maturité, dans son dernier période; mais ce ne sont point là les causes premières, et encore moins, si je puis parler ainsi, la substance même d'un événement de quinze années et non de soixante heures, pas plus qu'un drame n'est tout entier dans son dénouement.

Individualiser et resserrer ainsi les faits dans d'étroites et mesquines proportions de temps et de personnes, c'est se priver non-seulement des lumières qui jailliraient de leur ensemble, mais c'est encourager les haines et les vengeances politiques qui, en présence des faits ainsi personnifiés, croient voir où elles doivent frapper et où leurs coups porteront.

Ah ! combien nous serions plus près de la vérité en reconnaissant que les problèmes de la civilisation moderne, et d'une époque de renouvellement et de transition, sont pour les peuples et les Rois comme ces énigmes redoutables du sphynx de l'antiquité, qu'il fallait deviner sous peine d'être précipité dans l'abîme !

La branche aînée de la maison de France, qui croyait par sa Charte avoir évité l'écueil des Stuarts, et n'avoir laissé aucune énigme dans son avenir, vient de reprendre le chemin de l'exil.

La révolution, plus favorisée du sort, aura-t-elle enfin résolu, par la Charte du 7 août, le problème que la France poursuit depuis plus de quarante ans? Ce n'est pas ce qui se dit sur la place publique; est-ce là ce qu'on croit au Palais-Royal? je ne sais; mais à l'ébranlement de la société et au murmure des flots qui grondent encore comme avant la tempête, j'ai peine à croire qu'ils aient enfin trouvé le lit dans lequel ils doivent couler paisibles et purs; il me semble que le sphinx menace encore, et que l'abîme n'a pas reçu sa dernière victime.

Cherchons donc, sans nous décourager, le mot de ce mystère dont les replis cachent notre avenir, et surtout cherchons-le sans crainte, car les institutions modernes qui exercent ainsi l'intelligence des hommes de ce temps, par des questions de vie et de mort, ne leur ont donné sans doute la liberté de la presse qu'afin qu'il leur soit possible d'y répondre.

Quand un gouvernement vient à s'écrouler subitement, ce n'est pas dans les derniers coups qui l'ont frappé qu'il faut chercher les causes de sa chute; si la monarchie restaurée, qui s'est soutenue pendant quinze ans, est tombée en trois jours, c'est qu'elle était déjà blessée mortellement, et elle l'avait été surtout par cette tactique de parti qui est parvenue à représenter la restauration comme une époque de malheur et d'avilissement pour la France. Eh bien ! je ne crois pas qu'il y ait dans les fastes de notre patrie une époque où elle ait été plus visiblement protégée par la providence.

Quoi ! après une lutte d'un quart de siècle, qui avait bouleversé la France et l'Europe entière, se retrouver, par le retour de l'ancienne dynastie et par la Charte, au même point d'où vingt-cinq ans plus tôt l'on avait devié par tant d'événemens contraires et par un si grand naufrage.

Quoi ! sortir avec la liberté politique et avec des frontières plus étendues que celles de l'ancienne France d'une révolution qui, après avoir remué l'Europe jusque dans ses fondemens, par le meurtre juridique d'un roi, par un système anti-social de spoliation et de terreur, et par un état de guerre général, suivi de l'occupation de presque toutes les capitales de l'Europe, avait fini par perdre, avec la supériorité de ses armes, la meilleure justification de ses actes, et par laisser la France et sa capitale à la merci d'une coalition victorieuse !

C'est cette coalition qui, selon les ennemis des Bourbons, les a ramenés en France, et peu s'en faut qu'ils ne les accusent de lui en avoir ouvert les portes; ainsi aiguisée, la calomnie aurait eu encore plus d'effet; telle que les serpens jetés dans le berceau d'Hercule, elle frappait la restauration dans son principe même.

Eh bien! vers la fin de 1813, lorsque la France ne pouvait plus rien sur ses destinées, lorsque tous les gouvernemens dont elle avait essayé depuis 91, s'étaient rendus eux-mêmes impossibles, sans en excepter celui de l'empire; lorsqu'il ne restait plus à son avenir ainsi compromis qu'une seule chance heureuse, celle du rétablissement de l'ancienne dynastie, appelée déjà par les vœux de l'Ouest et du Midi, il est certain cependant que cette nécessité n'avait pas encore frappé les cabinets étrangers.

Telle avait été, il faut le dire, la puissance des événemens accomplis entre le traité de Pilnitz et les premières conférences du congrès de Châtillon; tel avait été en Europe l'ascendant des triomphes, et de toutes les réédifications sociales de l'empire, sous lesquelles s'étaient effacées depuis long-temps les hontes de 93, que c'est seulement contre un système de conquête et de domination universelle, devenu intolérable, que s'était formée enfin cette puissante réaction des peuples et des rois. La paix générale, et avec elle le terme du régime des conscriptions, des impôts extraordinaires, des réquisitions, de toutes les entraves et de toutes les servitudes imposées par la conquête, à commencer par celle de la pensée, voilà ce que l'Europe en armes était venue demander à la France, avec une force d'opinions et des volontés nationales qui avait entraîné les cabinets.

Ainsi, au terme de cette longue lutte, la France avait succombé devant des principes qui n'étaient pas sans rapport avec ceux qui lui avaient donné la victoire au commencement.

Soumise alors à une volonté de fer qui n'avait plus d'action que sur elle seule, elle avait vu ses armées se retirer, non sans gloire, mais silencieuses et découragées, devant des armées ennemies, où les citoyens et les étudians combattaient à côté des soldats, et où les associations patriotiques de l'Allemagne marchaient sous les drapeaux des rois, en invoquant à leur tour, contre la France, la liberté qui ne la défendait plus.

La légitimité n'était donc pour rien dans cette nouvelle croisade de tant de nations contre une seule; et si son drapeau, qui n'avait point flotté avec ceux de la coalition, s'est relevé subitement sur les ruines de l'empire, c'est que tous les événemens s'enchaînent, et qu'il était dans l'ordre des choses que l'empire, qui avait renversé la république, ne pût être renversé lui-même qu'au profit de la légitimité. Délaissée alors dans son exil, étrangère aux motifs qui avaient armé l'Europe entière, elle n'avait que son droit, et ce droit a suffi pour balancer tous ceux de la victoire.

Les souverains, qui ne s'étaient point armés pour sa cause, la reconnurent avec une sympathie naturelle. Et pour prouver jusqu'à quel point il est heureux que cette sympathie des rois ait présidé à un dénouement amené par l'énergie de leurs peuples, qu'il suffise de rappeler les prédications fougueuses des écrivains et des libéraux de l'Allemagne contre la France de l'empire, et les cendres jetées au vent à la vue de Paris par les soldats russes, qui croyaient sans doute lui apporter les destinées de Moscou.

Croit-on que, sans cette puissante modération des souverains, la victoire eût respecté en 1814, dans nos musées, des tableaux et des statues qu'elle n'a jamais le droit de s'approprier, mais qu'elle avait certainement celui de reprendre? Une généreuse impulsion et de grands exemples peuvent seuls expliquer l'impassibilité des vainqueurs devant des bronzes qui leur rappelaient tant d'humiliations et de défaites. Nous avons vu naguère la révolution de 1830, qui n'a encore vaincu que la Charte de Louis XVIII, bien moins tolérante pour les bas-reliefs du Trocadéro, qui représentaient une révolution vaincue.

La légitimité n'a donc point été ramenée par l'étranger, armé pour une tout autre cause que celle des exilés d'Hartwel. Mais, selon le cours irrésistible des choses, son heure arrivant avec la dernière heure de l'empire, elle n'a reparu en France que pour la disputer aux suites de l'invasion ; et son droit, interposé alors entre la France et ses vainqueurs, a dénoué, par une fête européenne, toutes les complications d'une époque à jamais mémorable.

Telle a été la prodigieuse vertu de ce droit, qu'un an plus tard il a pu encore arracher aux exigences et aux ressentimens d'une seconde victoire sinon tous les avantages accordés par la première, au moins l'ancienne France presque intacte, cette France qui a dû, aux conditions de paix et d'union dans lesquelles la restauration l'a replacée deux fois vis-à-vis de l'Europe, quinze années d'une prospérité sans exemple, et un retour de forces tel qu'elle affronterait au besoin les chances d'une dernière lutte avec l'Europe entière.

A deux époques de vie ou de mort, la France s'est donc couverte de la légitimité comme d'un bouclier contre ses ennemis, bien loin de l'avoir trouvée dans leurs rangs. Si j'insiste sur un fait si étrangement retourné par l'esprit de parti, ce n'est pas que j'ignore qu'une restauration, fille de ses œuvres et de sa propre victoire, doit rencontrer plus d'appui dans l'opinion des peuples; qu'il vaut mieux vaincre par sa force personnelle que par la force des choses et des événemens; qu'il vaut mieux ne rentrer dans Paris, comme Henri IV, qu'après avoir battu Mayenne et Farnèse et passé sur le corps des ligueurs et de l'étranger, quand ce ne serait que pour avoir le droit de dire ensuite, comme lui, aux notables de son royaume qu'*on veut se mettre en leur tutelle, bien que ce soit une envie qui ne prend guère aux rois, aux barbes grises et aux victorieux.*

Mais ce n'est pas sur des champs de bataille tels que ceux de Coutras, d'Arques et d'Ivry, que pouvait tomber le colosse de la révolution française; vainqueur de l'Europe, c'est par l'Europe seulement qu'il pouvait être vaincu : et à défaut de la gloire attachée à sa défaite, une autre gloire ne manquera pas dans la postérité au nom du prince appelé deux fois à servir de caution à la France envahie, et à terminer, avec les idées de son temps et l'autorité de Saint-Louis, les longs débats du pouvoir et de la liberté.

Telle était la double mission de la royauté en 1814 et en 1815, et on ne peut nier qu'elle n'ait cherché loyalement à la remplir.

Nous avons vu ce que l'indépendance nationale et l'intégrité du territoire doivent à la puissance de son droit; voyons ce que par la Charte, donnée en vertu du même droit, elle a voulu faire pour mettre la France en paix avec elle-même.

Quelques formes extérieures semblables, dans la constitution de l'Angleterre et dans la Charte française, ont motivé plus d'un contre-sens funeste dans l'application de celle-ci. Hâtons-nous d'observer qu'elle était dominée par un principe entièrement opposé. En Angleterre, le roi n'est reconnu par la Constitution que comme co-partageant de la souveraineté dont le principe ne réside pas en lui; et c'est pour en finir avec des droits plus anciens que cette doctrine, que l'aristocratie anglaise a donné la couronne des Stuarts à Guillaume de Nassau.

En France, au contraire, la Charte avait été donnée en 1814 par la royauté, en vertu d'un pouvoir antérieur et imprescriptible, auquel la nation toute entière s'est soumise par son acceptation. Ce pouvoir antérieur, qui seul s'est trouvé debout sur les ruines d'une révolution de vingt-cinq ans, on ne peut dire sérieusement que Louis XVIII eût mieux fait de l'aliéner en acceptant la Constitution qui lui avait été proposée par le Sénat. C'eût été reconnaître au sénat de l'empire, plus d'autorité qu'il ne s'en croyait lui-même, et renoncer, sans satisfaire les partisans de la souveraineté du peuple, à un droit de quatorze siècles, qui pouvait seul sanctionner la dernière émancipation du pays, comme il avait sanctionné toutes les autres. Les partisans de la souveraineté du peuple reconnaissaient eux-mêmes, à cette époque, que le choix d'un souverain par le suffrage universel, seule expression de leur système, était impraticable en présence de 500,000 baïonnettes étrangères, et par un peuple qu'un long régime d'anarchie ou de servitude avait très-mal préparé à l'exercice de la souveraineté.

Cette question, ainsi résolue, en tranchait une autre, celle du drapeau. Ce n'était point à la royauté constituante à abdiquer ses couleurs, emblème de sa prépondérance et du passé, qu'elle rattachait au présent. D'ailleurs, ses couleurs n'étaient pas pour la France ce qu'auraient été pour l'Angleterre celles des Nassau : elles n'étaient pas celles d'une dynastie adoptée; elles étaient aussi bien celles de la nation que celles de la royauté, qui depuis tant de siècles n'avaient qu'un drapeau et qu'une destinée.

C'est donc dans la plénitude d'une autorité qu'aucune autre ne pouvait suppléer, et d'autant plus légitime qu'elle était nécessaire, que Louis XVIII octroya la Charte au lieu de la recevoir.

Mais cette Charte, œuvre d'un pouvoir constituant, qui après, l'avoir donnée, avait borné lui-même sa mission pour s'absorber aussitôt dans les pouvoirs qu'il venait d'instituer, n'était point une Constitution : c'était une reconnaissance de droits et de garanties; c'était une déclaration de principes conformes aux opinions et aux besoins du temps, conformes surtout au point de départ et aux vœux de 89 ; ce n'était enfin qu'un cadre de Constitution où le législateur suprême avait laissé de nombreuses lacunes à remplir, dans la ferme confiance qu'elles le seraient selon sa pensée première, selon l'esprit dont il avait empreint son ouvrage, et sous l'influence de son autorité, qui, d'après la Charte, devait rester prépondérante malgré les contre-poids qu'elle s'était donnés.

Ainsi, rien de ce qui devait former essentiellement notre Constitution n'avait été réglé par la Charte : ni la liberté de la presse, ni le pouvoir électoral, plus forts à eux seuls que la Charte elle-même, ni l'organisation de la famille, ni celle des communes et des départemens. La royauté s'était bornée à définir le pouvoir législatif, qui, en décidant toutes ces questions, était réellement appelé à constituer la France. Elle s'était donc subordonnée avec l'œuvre de sa toute-puissance aux dispositions des pouvoirs institués par elle, et l'édifice incomplet qu'elle avait élevé pouvait s'affermir ou tomber, selon le concours ou les résistances qu'elle rencontrerait.

C'est ce que la royauté ne prévit point, et elle n'hésita point à renfermer dans les limites légales de la Charte tous les problèmes d'organisation sociale qui restaient à résoudre pour la compléter. Tous les intérêts une fois rassurés par de puissantes garanties, elle se crut assez forte contre les passions, et ce fut là son erreur. Celles de l'empire prévalurent les premières contre elle par la funeste tentative des *Cent-Jours*, dernier bond du lion mourant, ou plutôt dernière témérité d'un joueur d'empires et de couronnes, si long-temps heureux sur les champs de bataille qu'il ne put se résigner qu'après avoir épuisé sa dernière chance, qu'après avoir risqué, dans une dernière rencontre avec l'Europe, tout le sang que le traité de Paris et l'abdication de Fontainebleau avaient laissé dans les veines de la France.

Deux pactes avaient été déchirés par ce pas rétrograde des *Cent-Jours;* celui qui liait la France et l'Europe, celui qui liait la France et les Bourbons. L'Europe irritée demanda des garanties; la royauté plus généreuse n'en voulut point. Elle reparut encore une fois comme l'arc-en-ciel après l'orage, avec des consolations et des espérances; elle reparut avec la Charte, c'est-à-dire avec la même volonté de réaliser l'alliance du pouvoir et de la liberté, et la fusion des intérêts contraires.

Maintenir la Charte, mais en la fondant cette fois sur ses véritables bases, mais en la développant en même temps dans tous ses corollaires, tel était en effet l'unique moyen de salut; et nous ne savons que trop aujourd'hui quelle peut être dans l'avenir la portée d'une occasion perdue. Une assemblée sortie des entrailles de l'ancienne France s'offrait alors pour compléter l'œuvre du pouvoir constituant, et donner à la restauration pour point d'appui les droits et les libertés dont la France avait été dépouillée par la révolution ; mais on ne s'entendit pas sur les moyens. Un mal affreux, celui d'une seconde invasion, venait d'être attiré sur la France; et comme ce mal était venu des hommes et des choses, le ministère de cette époque chercha à diriger contre les hommes les représailles qui n'eussent dû atteindre que les choses. Nul contre-sens ne pouvait être plus funeste : il ne faut jamais appliquer les principes de la justice ordinaire aux mouvemens qui entraînent une nation toute entière ; ces mouvemens sont comme les maladies, qu'il faut guérir sans sévir contre le malade. Dans des circonstances moins exceptionnelles, les factieux doivent être jugés selon les lois du pays; mais on ne se venge d'une révolution générale, qu'en la dépossédant, qu'en l'absorbant dans des institutions qui la neutralisent et la décomposent.

La révolution vaincue laissait, après les *Cent-Jours*, à la merci de la France et de la royauté, en compensation de tout le mal qu'elle venait de leur faire, son drapeau, trente mille lois ou décrets à abolir ou à réviser, les communes à délivrer d'un joug plus pesant que celui dont Louis-le-Gros les avait délivrées en 1100, les provinces à reconstituer dans des proportions plus favorables à leurs libertés; toutes les franchises du pays à rétablir sur les débris d'une centralisation jugée sans retour, puisqu'elle avait laissé le pays sans défense contre le despotisme intérieur et contre les attaques de l'étranger. C'était assez; une assemblée appelée à reprendre ainsi en sous-œuvre tout ce qui s'était fait depuis 89, à retremper aux sources pures des vœux et des intentions de cette époque la liberté flétrie par tant de déviations, devait désirer avant tout qu'aucune loi de justice politique ou de proscription ne fût apportée dans son enceinte, et qu'aucun nom propre prononcé avec colère devant elle ne vînt a distraire du jugement solennel qu'elle avait à rendre sur toute une époque de vingt-cinq années.

La Chambre de 1815 se montra profondément pénétrée de ses devoirs à cet égard, quand elle refusa sa sanction au projet de loi qui l'appelait à prononcer sur les destinées de trente-huit personnes portées sur la seconde liste de l'ordonnance du 24 juillet.

On n'a point oublié les paroles remarquables de M. Pasquier, qui s'efforçant de vaincre les nobles scrupules de la chambre royaliste, lui présentait cette mesure *comme un coup d'état que le roi eût pu faire seul par un seul acte de sa souveraineté, et que la Chambre ne pouvait refuser conjointement avec lui* (1).

Comment ne pas regretter que cette assemblée, si heureusement inspirée dans cette circonstance, n'ait pas rejeté de même toutes les lois d'exception qui lui furent présentées successivement par un ministère dont la politique étroite, dominée par une crainte égale de la monarchie et de la liberté, se bornait à la compression des partis! Ce ministère, devant lequel la Chambre de 1815 est tombée, serait tombé le premier devant cette Chambre que la faveur populaire et l'assentiment général du pays eussent alors appuyée, dans tout ce qu'elle voulait entreprendre contre le despotisme administratif de la révolution au profit des libertés de la France et de la stabilité du pouvoir légitime. Quoi qu'il en soit, l'opinion publique a prononcé sans retour sur l'ordonnance du 5 septembre, qui a brisé la seule assemblée qui aurait pu fixer les destinées de la Charte par des lois complémentaires en harmonie avec le principe dominant qui était en elle.

Dès lors il y eut impossibilité de finir cette ébauche de constitution; et, comme un navire emporté

(1) *Moniteur* du 4 janvier 1816.

dans la haute mer avant d'avoir reçu toutes les parties de son gréement, elle fut exposée au choc de toutes les passions politiques, avant d'avoir acquis ses dernières conditions de résistance et de durée.

Ainsi, la royauté ayant épuisé ses facultés constituantes sans pacifier par une solution définitive deux principes antipathiques jusques à la mort, la lutte, et une lutte radicale, continua même, dans les limites légales de la Charte; et c'est dans les quatorze sessions qu'elle a presque entièrement absorbées, qu'il faut étudier surtout le génie d'une époque mêlée de tant de bonheur et de malaise, de tant d'espérances et d'anxiétés, et dont le dénouement n'est que la continuation de l'un des plus grands drames de l'histoire.

Rejetée dans la défensive par le revirement du 5 septembre et par la loi d'élection de 1817, la royauté eut à se débattre pendant cinq ans contre leurs conséquences, et à défendre ses droits et son existence, tantôt dans les chambres, tantôt dans les rues et sur les places publiques de la capitale, tantôt dans les départemens; comme à Grenoble, à Lyon, à Belfort et à Saumur.

Dès 1818, après trois années laborieusement employées à préparer la délivrance et la rançon de la France, et à fonder son crédit sur la religieuse observation de tous les engagemens, Louis XVIII était déjà dans la nécessité de demander aux Chambres leur concours, pour repousser, disait-il, *des principes pernicieux qui, sous le masque de la liberté, attaquent l'ordre social, et dont le funeste succès a coûté au monde tant de sang et tant de larmes.* En 1819, ses plaintes deviennent plus graves encore. En 1820, ce qui parle plus haut que toutes les paroles royales, c'est la sanglante image d'un fils de France, tombé sous les coups du fanatisme révolutionnaire, au milieu des tentatives d'insurrection qui éclataient sur le territoire, et qu'une opposition factieuse appuyait alors au sein même de la Chambre des députés. Que cette opposition fût devenue majorité, et la Charte de 1814 périssait dix ans plus tôt dans les concessions de Louis XVIII, comme elle a péri depuis dans le dernier effort de son successeur pour la sauver. Qui la retint alors sur le penchant de l'abîme? qui redressa l'opinion publique fourvoyée? l'horreur d'un grand forfait et le miracle d'une naissance qui rendit à la France tout l'avenir que ce forfait venait de lui enlever. Il fallut toutes ces circonstances, et l'énergie parlementaire d'un ministre qui lutta corps à corps avec l'opposition, pour lui arracher enfin la nouvelle loi d'élection qui devait la déposséder.

Observons aussi qu'à cette époque, la royauté, une fois éclairée sur ses intérêts, trouvait, pour rétablir l'équilibre, d'utiles contre-poids dans les traditions d'obéissance qui avaient survécu à l'empire et dans cette même centralisation qui plus tard lui devint si fatale. D'ailleurs, les blessures de l'invasion étrangère étaient encore apparentes, au moins dans leurs cicatrices, et la tactique des factions moins immorale et moins consommée. Enfin, dans cette lutte de cinq années contre les conséquences d'un faux point de départ, l'opposition royaliste avait gagné du terrain et s'était fait écouter de la France. Tandis que le ministère rapetissait chaque jour la liberté dans des mesures de monopole et d'exception, tandis que l'extrême gauche continuait à la prostituer dans les doctrines du régicide, et dans des associations ténébreuses de carbonarisme et de propagande, les royalistes avaient prouvé au grand jour de la tribune et de la presse que le despotisme seul était de nouvelle origine en France, et retrouvé dans le passé les titres de l'antique alliance, renouvelée par la Charte, entre la liberté et la royauté française. Les royalistes vinrent donc aux affaires; et pour ceux qui ne confondent pas les clameurs des factions avec la voix du pays, il est évident qu'ils n'y vinrent pas contre le vœu de la France. Avec le ministère royaliste de 1822 commença le second âge de la restauration et le terme de toutes les conséquences de l'ordonnance du 5 septembre, qui avait condamné si long-temps la royauté à la défensive.

Nous allons la voir enfin, plus libre dans son allure, soumettre toutes les volontés du pays, et réaliser toutes les prospérités dont le germe était en elle. Mais plus on pense aux préludes glorieux de ce second âge de la restauration, au découragement des factions, forcées enfin de s'avouer vaincues et de croire à sa durée, plus on considère ce prodigieux accroissement du crédit et des revenus de la France, qui ne fléchit ni sous les dégrèvemens, ni sous les frais de la guerre d'Espagne, ni sous le milliard de l'indemnité, moins on s'explique une si lourde chute, séparée par quelques années seulement d'un si brillant apogée; et si la bouffonnerie était permise sur des ruines, on serait tenté d'admettre, avec quelques fanfarons de haine et de félonie, leur comédie de quinze ans, et tous ses rôles obligés de dupes et de fripons.

Mais n'en déplaise aux conspirateurs de toutes

les classes, ce sont des causes supérieures à leur malveillance qui ont conduit les événemens et renversé la légitimité. A eux donc, puisqu'ils le réclament, le triste honneur d'avoir sonné sa dernière heure, et suivi en habit de fête son cercueil, vide grâce à Dieu, et ses funérailles peut-être anticipées. Mais il a fallu pour triompher d'elle une force qui n'était point en eux, ou plutôt un principe invincible de destruction qui s'est trouvé dans les contre-sens et dans les lacunes d'une constitution incomplète, mi-partie d'élémens inconciliables, et qui avait laissé en présence de la presse et de la tribune l'organisation administrative et la centralisation de l'empire.

Il arrive souvent que les conséquences d'un mauvais principe ne se font pas sentir de suite; tant que les royalistes ne furent point aux affaires, tant que l'invasion étrangère à éconduire, des haines à calmer, des réactions à prévenir, motivèrent des lois d'exception, et même pendant quelques années le régime de la censure, le maintien de la centralisation fut sans inconvénient; il ne faisait disparate avec rien. Mais du jour où les royalistes, maîtres du pouvoir comme vainqueurs dans la cause des libertés publiques, furent contraints de se placer dans les cadres des institutions de l'empire sans avoir pu rattacher à un système complet de libertés municipales et provinciales la liberté de la presse et de la tribune, si loyalement acceptées et même agrandies par eux, un mal immense fut fait. On ne le crut pas! J'avouerai même que ce levier puissant de la centralisation, manié alors par des mains habiles et dévouées, amena de tels résultats d'ordre et de crédit public qu'ils peuvent expliquer la répugnance que l'on eut à s'en dessaisir. On y vit même le contre-poids nécessaire de cette puissante liberté de la presse qu'un ministère royaliste avait admis le premier sans restriction.

On fit d'abord de grandes choses à l'aide de cette unité administrative appuyée sur des majorités dans les chambres. J'incline à croire que, si elle ne l'a pas produit, elle a pu rendre plus rapide et plus énergique ce mouvement d'amélioration et de progrès qui se manifesta alors dans toute la France. Mais que de dangers et de déceptions au fond de cette situation! Son premier inconvénient fut d'augmenter sans mesure l'influence de Paris; et les conseillers de la couronne n'auraient jamais dû oublier que, si son Louvre et les monumens de sa splendeur sont à Paris, les racines de son pouvoir monarchique n'y sont pas. Or la centralisation livrait tout à Paris, les provinces, leurs mœurs, leurs notabilités, leurs capitaux; peu s'en est fallu qu'elle ne lui ait livré aussi les flots de l'Océan, et avec eux les voiles des bassins du Havre, de la Loire et de la Gironde. Paris, centre du gouvernement, devint aussi le centre de l'opposition. C'est de Paris que le gouvernement imposait des préfets et des maires à l'obéissance des provinces; c'est de Paris que le comité directeur, ou l'insurrection légale et organisée, imposait des députés à leurs opinions hostiles ou abusées. Les provinces ainsi réduites à un rôle passif par la centralisation, puisque tout leur venait de Paris, les actes du pouvoir et leur censure, les ordres de l'autorité et les contre-ordres de ses adversaires, l'avenir de la restauration et le maintien de la Charte de 1814, au lieu de rester une question française, ne furent plus qu'une question parisienne.

Cette multitude d'emplois que nécessite la centralisation, et dont la distribution parut d'abord un moyen pour le gouvernement, ne fut bientôt pour lui qu'une cause d'embarras, en même temps que de ruine et de dissolution pour le parti royaliste. En refoulant sur tous les points de la circonférence cette activité que l'organisation de l'an 8 attirait tout entière vers le centre du gouvernement, on eût prévenu les oppositions systématiques qui sont nées du venin des factions combiné avec la convoitise des places. Que de difficultés disparaissaient devant leur réduction! que de professions de foi superbes et de palinodies honteuses! que de bassesses habillées de termes magnifiques! que de boue dans de l'or faux! que de lieux communs d'amour ou de haine épargnés au gouvernement, s'il avait eu le bon esprit de ne pas rester, par le monopole des places, en butte à toutes les mauvaises parties du cœur humain!

Comment n'a-t-on pas vu qu'il y avait une révolution toute faite dans le désœuvrement d'une nation d'autant plus facilement captivée par de dangereuses abstractions que l'administration se chargeait partout de ses affaires! L'habitude pratique des affaires locales pouvait seule tempérer peu à peu ce goût pour les généralités si vif en France où chacun aime les grandes questions plus que celles qui le regardent, et où tel qui sera de glace pour les intérêts de sa commune est de feu pour la cause des quarante mille communes du royaume.

Avec des communes et des provinces, il n'eût pas été nécessaire d'être journaliste ou député pour avoir une part dans les libertés de son pays. De même qu'il y aurait eu plus d'un centre d'action, il se serait formé aussi plus d'un centre d'opinion. Chacun en aurait eu un, pour ainsi dire, à sa porte.

Chacun eût pu espérer qu'à l'avenir des intérêts de localité bien défendus donneraient seuls la mesure de son aptitude à défendre les intérêts généraux, et que la poste n'apporterait plus chaque jour à ses concitoyens une opinion toute faite sur son compte et le tarif de l'estime et de la confiance qu'il mérite.

Mais c'est surtout en présence de la liberté de la presse, qui impose toutes les autres libertés, après laquelle nulle restriction n'est possible, que la centralisation devenait insoutenable et désastreuse. Quel système que celui dans lequel le gouvernement attire à lui l'administration du département, de la commune, de ses établissemens de bienfaisance et de charité, et reconnaît comme en échange à chaque citoyen un droit de contrôle illimité sur le pouvoir, sur ses droits et sur ses actes journaliers tant au dedans qu'au dehors! Autant vaudrait lui dire : « Tu ne seras rien que sous mon bon plaisir dans ta commune et dans ta province; en ce qui concerne les intérêts qui te sont propres, ta tutelle n'aura pas de borne : mais, en revanche, j'abandonne à tes utopies la société toute entière et les principes sur lequel elle repose. Entreprends, si tu le veux, la régénération du monde; sois l'homme du genre humain, pourvu que tu ne sois pas celui de ta paroisse; et pour que tes loisirs soient plus grands, je me charge de décider comment seront réparés la maison commune, la fontaine et le clocher de ton village. »

Encore un mot sur la centralisation. Je ne crois pas aux Francs et aux Gaulois de M. Guizot, à ses deux Frances dans une et aux revanches à prendre dans le dix-neuvième siècle sur de prétendus griefs du treizième et du quatorzième ; mais je crois fermement aux deux Frances formées par la brigue et par la possession des places, et aux haines vigoureuses vouées par ceux qui les demandent en vain à ceux qui en jouissent, et surtout à ceux qui les distribuent. Les places, aujourd'hui seul privilége réel du nouvel ordre politique, ont hérité de l'envie qui s'attachait à tous les autres.

Or, si vous avez beaucoup de places payées par l'État dans un gouvernement représentatif, elles changeront souvent de titulaires avec les ministères qui s'y succèdent eux-mêmes rapidement; et la presse étant là pour se charger de toutes les aigreurs des intérêts froissés et des vanités souffrantes, voyez dans quelle sombre atmosphère de mécontentemens et de récriminations doit se trouver au bout de quelques années la royauté, de qui émanent toutes les grâces, qui entrent si peu dans les cœurs, et toutes les rigueurs ou les refus, qui s'y enfoncent si profondément.

Ah! plût à Dieu que la royauté eût renvoyé devant leurs juges naturels toutes les prétentions qu'il ne lui appartient pas plus d'apprécier que de satisfaire! plut à Dieu que, mieux éclairée sur ses véritables intérêts, elle eût renoncé à une concentration plus funeste pour elle que les ressorts les plus relâchés du système fédératif!

Que s'il en eût été ainsi, le procès qui depuis quinze ans était resté pendant entre elle et ses ennemis, entre les principes de la Charte et la révolution, se serait décidé non dans cette ville où la royauté avait déjà trouvé des juges et un bourreau, non sur la place de Grève ou dans des carrefours vieux foyers de séditions depuis les chaperons de Marcel et de Charles-le-Mauvais, depuis les barricades de la ligue et de la fronde jusqu'aux piques de 93, mais en Bretagne, en Provence, en Alsace, en Champagne, en Picardie, en France enfin; alors l'issue n'était point douteuse. Des provinces réellement constituées ne tombent pas devant une malle-poste. Le mouvement accueilli sur un point est repoussé sur l'autre. Une royauté de quatorze siècles ne disparaît pas dans une bourrasque de quelques heures sous l'arrêt de deux cent dix-neuf députés assermentés qui lient la France en se déliant eux-mêmes; l'éclair au moins luit avant la foudre, les réflexions peuvent survenir; avec quelque impétuosité que se précipite le torrent, il rencontre dans son cours des aspérités, des inégalités de dispositions et d'esprit public, barrières au besoin plus puissantes que celle des fleuves et des montagnes, et non cette surface plane et cette désolante uniformité aussi favorable à l'invasion étrangère qu'aux révolutions intérieures.

Ou plutôt cette fatale expérience nous eût été épargnée. Que la liberté, comme un édifice complet et rationnel, se fût élevée graduellement des provinces et des communes émancipées jusqu'à la hauteur de la représentation nationale; que la liberté, étendue aussi à l'enseignement public, eût fait tomber le fantôme du jésuitisme et d'injustes ombrages contre le clergé; que le clergé lui-même eût retrouvé dans cette abolition de tous les monopoles quelques-unes des libertés dont il a été privé par les trois concordats, et dont un autre principe de gouvernement et une autre raison d'état ne rendait plus le sacrifice nécessaire: alors l'autorité royale ne se serait pas vu menacée par un orage formé de tant d'élémens disparates, par une ligue monstrueuse qui réunit quelque temps sous le même drapeau des passions et des intérêts si contraires. La royauté serait alors restée face à face avec ses ennemis naturels et invétérés. Avec eux seulement il pouvait y avoir duel à mort; mais ils ne l'auraient pas provoqué, car la France aurait servi de second.

La Charte de 1814, ainsi accollée à des institutions d'une autre époque, portait donc en elle-même un germe de destruction. Cependant quelque imparfaite, quelque boiteuse que soit une constitution, elle peut se soutenir long-temps encore avec l'appui des mœurs publiques et d'une certaine probité nationale qui ne permettra pas de se prévaloir de ses côtés faibles. J'ai déjà prouvé qu'il n'en était pas ainsi en France. Une pensée de haine vivante au fond même de tous les sermens politiques par lesquels elle s'abjurait, avait tracé le cercle fatal dans lequel la royauté a fini par se trouver enfermée; c'est cette même pensée qui, le 27 juillet, a ouvert la première les portes de l'Hôtel-de-Ville, comme elle avait fermé la dernière, en 1815, celle de la Chambre des représentans.

Substituez à cette haine radicale une opposition parlementaire, et elle eût très-bien compris que les événemens de juillet lui avaient livré le gouvernement et non la royauté, qui, pas plus qu'en principe, ne saurait être ni vaincue ni prisonnière ; et quelles que fussent alors les émotions du combat et le rugissement populaire, elle se serait arrêtée devant ce principe, bien décidée à succomber dans sa défense plutôt que de triompher par son abandon.

Mais pour que personne dans le monde entier ne pût se méprendre sur les intentions réelles des ennemis de la royauté, la providence a voulu qu'en se retirant elle ait eu recours au seul moyen qui lui restait sinon pour les vaincre, du moins pour les démasquer. Deux rois ont abdiqué, et la révolution victorieuse a vu la royauté qu'elle croyait abattue, se relever tout à coup devant elle sous les traits d'un enfant, deux couronnes sur la tête, celle de l'innocence et du droit : royauté bien réelle, mais royauté dans sa fleur, parée de toutes les espérances de l'avenir, étrangère à la responsabilité du passé, pouvant répondre à tous les reproches comme l'agneau de la fable : *Comment l'aurais-je fait, si je n'étais pas né...*

Nouveau Joas, remis cette fois entre les mains de la superbe Athalie, c'est elle-même qui aurait ouvert devant le petit-fils de Henri IV le livre de sa nouvelle loi, et sa précoce intelligence l'eût souvent étonnée. Ainsi serait sorti du sein même de nos institutions un médiateur plus jeune que la jeune France, qui l'eût pacifiée par sa seule présence sur le sol avant de la gouverner, dont la minorité même eût été féconde et n'eût fini qu'à l'époque où seront enfin connues les dernières conditions et les dernières limites de la transformation sociale que nous subissons depuis 89.

On a donc voulu plus que ne pouvaient donner la victoire, le gouvernement et la royauté, le sacrifice de trois générations de rois et la responsabilité ministérielle. Les passions se sont mises à l'aise aux dépens des intérêts du pays. Soit; mais au moins qu'on nous tienne quittes à jamais de la prétention d'une longue lutte soutenue pour la cause de la Charte; qu'il soit bien démontré que le parti vainqueur a combattu sans relâche pour des principes autres que ceux de la Charte, meilleurs à ses yeux, nous le voulons bien: mais comme la Charte seule était chère à la nation, le comble de l'adresse a été de lui persuader qu'on la défendait, alors même qu'on marchait sans relâche à un but qui ne pouvait être atteint que par sa ruine. Ce que nous avançons est aujourd'hui confirmé par les propres paroles du parti; néanmoins, comme nul ne peut être admis à déposer contre lui-même, nous avons voulu que la vérité sortît avec éclat du fond des choses et non des aveux de nos adversaires, aussi impuissans que leurs dénégations.

Si de la moralité des faits accomplis nous passons au but et à la prévoyance qu'ils révèlent, qui se montre à nous sur ce trône élevé si promptement sur les débris d'un autre; nous n'hésitons point à le dire, c'est le premier témoin qui devait être entendu à la décharge de la royauté mise de nouveau en cause devant ses propres sujets.

C'est en cette qualité du moins que paraîtra au tribunal de l'histoire le prince qui a occupé pendant quinze ans la place d'honneur au banquet de la restauration, et qui, rappelé et enrichi par ses lois, est passé du sein de tant de prospérités sur un trône élevé en haine du principe auquel il les devait.

Si c'est une révolution de 1688 qu'on a voulu faire à toute force, il ne suffit pas de dire que Louis-Philippe n'a pas été choisi plus près de Charles X que Guillaume de Nassau ne l'avait été de Jacques II. Où sont les autres similitudes des deux événemens?

Le prince Hollandais, gendre et non sujet de Jacques II, tenait à lui par des liens qui devaient imposer encore plus de scrupules à sa conscience qu'à sa politique. Petit-fils de Charles Ier par sa mère, il y avait pour lui dans les souvenirs tragiques de With-Hall un deuil de famille, et rien de plus. Il n'avait rien à répudier dans l'héritage de son père.

Les intérêts qui l'accueillirent à Torbay, et qui le firent roi l'année suivante, étaient ceux du clergé anglican et d'une puissante aristocratie qui pouvait maintenir son ouvrage. Aussi, quand l'événement eut donné à ces intérêts nés des lois de Henri VIII, de la reine Marie et d'Elisabeth, les garanties qu'ils cherchaient, ils l'arrêtèrent court, et il ne fut alors question ni de revenir sur les expiations nationales du crime de 1649, ni de renverser la statue de Charles II, ni d'élever des statues à Cromwell. Si haut d'ailleurs qu'on eût placé celle du guerrier politique qui n'avait vaincu en personne que des Anglais, on savait bien qu'elle ne projetterait aucune ombre sur un prince tel que Guillaume, mûri dans les affaires et dans les combats, qui avait balancé en Europe la fortune de Louis XIV et la gloire de Luxembourg et de Condé?

En France, au contraire, il y avait dans la Charte de 1814 dix fois plus de garanties qu'il n'en eût fallu pour satisfaire le clergé anglican et le parlement si souvent bravé et humilié par les deux derniers Stuarts : il faut donc que la révolution de 1830, qui n'a presque rien trouvé à changer dans l'ordre politique, fasse irruption dans nos lois civiles et qu'elle entraîne les bornes des héritages avec les dernières préséances sociales, ou il restera démontré que nous avons fait une révolution avec les élémens d'une émeute et d'un changement de ministère.

La révolution de 1830 ne serait dans ce cas qu'un coup de tonnerre sans orage, un événement tragique sans proportion avec ses causes comme avec son but, né de l'emportement des idées plutôt que du froissement des intérêts, un de ces événemens enfin dont les auteurs même ne savent plus que faire après leur accomplissement.

On avait soif de garanties nouvelles : et il se trouve que les princes qu'on a chassés ont pris les devants en n'en refusant aucune. On voulait être plus libre, si c'est possible : et voilà qu'on tremble de faire un seul pas dans les voies de la véritable liberté, de peur d'y retrouver la dynastie qu'on lui a sacrifiée! On se disposait à des prodiges de patriotisme contre les agressions de l'Europe : et voilà que l'Europe ne veut point attaquer, mais que partout la main reste sur la garde de l'épée qui veille dans le fourreau. On s'armait d'avance de toute la rigueur des lois et des passions de la multitude contre des classes entières de la société désignées comme ennemies de la révolution de 1830: et voilà que ces classes entières, restées sur leur foyers, se confient avec un calme imposant dans les lois de leur pays.

Ainsi pétrifiée par la force des choses, la révolution de 1830, comme une lave refroidie sur la bouche même du volcan, n'aboutirait-elle qu'au renversement de quelques croix, à la seconde inauguration de la statue de Bonaparte, à la nécessité pour une moitié de la nation de veiller en armes sur l'autre, et à l'obligation pour la nation toute entière d'ajouter à ses impôts, déjà presque doublés, le plus intolérable de tout les impôts, celui qui se prélève sur la confiance et la sécurité de chacun?

Ceux qui se moquaient de la légitimité comme d'une question de sentiment peuvent voir aujourd'hui ce qu'elle valait aussi comme question d'intérêt.

La légitimité n'était donc pas seulement une brillante fiction pour les amis du passé; ce n'était pas seulement un principe aux larges bases et aux racines profondes, semblable à ces édifices imposans où les générations viennent s'abriter successivement, et qui gardent dans leurs ordres variés l'empreinte des besoins et du génie de chaque siècle : c'était, par les garanties d'ordre à l'intérieur et de paix au dehors qui ne peuvent être qu'en elle, la valeur presque double de vos usines, de vos fabriques, de vos canaux, de vos maisons, de vos rentes et de vos terres ; c'était contre des passions bien plus redoutables que la grêle et l'incendie, un principe d'assurance qui s'étendait depuis le palais jusqu'à le chaumière et qui protégeait ceux même qui ne se confiaient pas en lui.

Cette puissante faculté de conservation et d'accroissement dont elle est douée ne s'exerçait pas seulement sur les valeurs matérielles, mais aussi sur les talens et les capacités, qu'elle seule pouvait mettre en œuvre, dans les rangs les plus opposés et même quand ils s'employaient contre elle. Comme son avénement n'avait point été le terme d'une époque de prospérité, comme elle était venue reprendre en France une place vacante qui était la sienne, et que le serment qu'elle demandait n'était pas la violation d'un autre, ses ennemis même ne refusaient pas de lui prêter hommage ; ils grandissaient et prospéraient à l'ombre de ses lois : et que de fortunes et de réputations perdues pour eux sans retour dans la victoire que le ciel les a condamnés à remporter contre elle!

Nous ne sommes donc pas surpris que des esprits logiques et vigoureux qui, tout en n'adoptant pas la restauration, n'ont pu se méprendre sur le principe fécond qui était en elle, veuillent lui en substituer un autre qui ne le soit pas moins, et qu'au grandiose de la légitimité ils veulent opposer le grandiose de la république. La république soit : c'est aussi une forme complète de gouvernement, bien que ce ne soit ni la plus générale ni la plus ancienne. Mais elle a ses conditions d'existence sur lesquelles il faut d'abord s'entendre. Or, comme il ne s'agit pas ici de la république de l'antiquité, avec le patriciat au sommet et l'esclavage à la base, mais de la seule république possible selon l'esprit du christianisme et l'état de notre civilisation, je ne crois pas qu'aucune forme de gouvernement puisse offrir à nos jeunes concitoyens plus de sujets de mécomptes et de déceptions.

Si je ne me trompe, la liberté, telle qu'ils la conçoivent, peut sortir au besoin des effets d'une coaction sans limite exercée contre les intérêts individuels dans un intérêt déclaré arbitrairement celui de tous. Je ne m'étonne plus dès lors que cette liberté leur apparaisse merveilleuse dans les actes de la convention, traitant la France comme un fait inanimé, comme une nature morte, et nivelant ses inégalités sociales avec la hache du bourreau. Mais alors qu'ils la retrouvent aussi, car elle y est tout aussi bien dans les volontés absolues de Pierre-le-Grand, disposant de la barbe même de ses Moscovites pour commencer l'œuvre de leur civilisation; qu'ils la retrouvent surtout dans les volontés absolues de Mamoud s'efforçant de noyer dans le sang des janissaires la résistance que rencontrent ses innovations.

Un principe aussi redoutable de coaction, quel qu'en soit le dépositaire ou l'agent, prince ou assemblée, un seul ou plusieurs, n'est toujours qu'une odieuse usurpation de la volonté publique; et dès que je retrouve le despotisme, que m'importe son but, ses formes et son habit? La véritable liberté, au contraire, bien loin de tendre les ressorts outre mesure, les relâche jusqu'au degré où ils s'énerveraient.

C'est ainsi qu'elle reconnaît dans l'état des citoyens, des communes et des provinces, c'est-à-dire autant de fractions diverses de la volonté publique, autant de résistances légales et organisées qu'il peut y en avoir sans que cette volonté en soit neutralisée. La tolérance en matière de religion n'est qu'une des nombreuses applications de ce principe, que peuvent invoquer également les mœurs, les coutumes et les traditions qui perpétuent le passé et l'éducation qui prépare l'avenir. Dans ce système, qui accepte tous les fruits de la liberté quels qu'ils soient, il faut renoncer à l'idée favorite des libéraux depuis l'Assemblée constituante, celle de violenter les mœurs par les lois, et d'imposer le progrès des idées comme ils s'indignent qu'on impose ailleurs leur immobilité; il faudrait, par exemple, se résigner à laisser à la liberté bretonne ou provençale des allures et une physionomie autres que celles de la liberté parisienne. Aux États-Unis, les catholiques traitent avec Rome sans l'intermédiaire du gouvernement, et le jésuite voit prospérer ses écoles à côté de celles de l'anglican et du luthérien.

Le jour où ces principes auront pris possession de la France; le jour où, las de se donner en spectacle et de s'agiter dans le vide des théories, chacun réclamera d'abord cette liberté pratique qui fleurit, sans faire parler d'elle, entre la maison commune et le clocher du village; le jour où l'archevêque de Paris ne sera pas moins respecté que l'évêque catholique de Baltimore, et où chacun, tout en jouissant selon la loi d'une liberté complète des cultes, sera cependant, comme aux États-Unis, forcé par l'opinion de faire partie d'une congrégation religieuse quelconque; le jour où les mœurs publiques, lettre vivante des lois du pays, suffiront pour leur rallier toutes les volontés: ce jour-là, je le déclare, si tous mes concitoyens viennent à se prononcer pour la république, je ne ferai point obstacle à leurs vœux; la royauté ne sera plus à mes yeux qu'un rouage superflu: que dis-je? le fruit mûr sera tombé de l'arbre sans qu'il ait été nécessaire de l'arracher; la royauté aura reconnu elle-même que son temps est passé; nous l'aurons vue descendre sur la place publique, et résilier son autorité séculaire aussi facilement qu'on se démet d'une magistrature annuelle.

Mais tant que sur les débris d'un trône renversé on se hâtera d'en relever un autre, et qu'on se croira plus libre parce qu'on aura donné à celui-ci quelques pouces de hauteur et quelques franges de galon de moins; tant que les partisans de l'égalité demanderont des distinctions et des cordons, et qu'il faudra même en inventer de nouveaux pour la victoire populaire de juillet; tant qu'on plantera des arbres de la liberté dans des communes qui resteront asservies à la bureaucratie de Paris, et qui ne comprendront rien de mieux que cet asservissement; tant que mon voisin se croira d'autant plus libre que sa liberté me fera peur, je reconnaîtrai là le vieux génie de ma patrie, toujours le même dans ses mille transformations; force me sera de croire la royauté nécessaire encore, et de ne pas me faire républicain de peur de l'être tout seul. Je ferai plus, je resterai fidèle à la royauté de droit, qui me paraît la meilleure de toutes, et je demanderai à Dieu qu'il me soit un jour permis de lui restituer la portion de souveraineté que je tiens de la révolution de juillet.

Je m'arrêterai avant de trouver le terme de la tâche que je me suis imposée ; ce terme qui recule toujours devant moi comme les bornes de l'horizon.

Je me suis condamné à remuer des questions difficiles et douloureuses pour jeter quelques clartés de plus sur les causes réelles d'une grande catastrophe ; et si j'ai franchi la catastrophe elle-même sans m'y arrêter, c'est qu'à son seul souvenir tous les cœurs se brisent et toutes les paroles faiblissent. Quelle victoire et quelle défaite ! Que dire de plus sur ces baïonnettes qui ne se sont point trempées dans le sang du peuple, mais que le peuple a ensanglantées en se précipitant sur elles !

Tout n'est-il pas dit sur ce dernier effort tenté par le pouvoir contre une agression de quinze ans, et qui, pour n'avoir pas été accompagné de plus de précaution que n'en eût exigé un lit de justice du temps passé, a livré aux agresseurs mieux que la victoire, les apparences du droit et toutes les justifications attachées à la nécessité de se défendre? Résultat déplorable et qu'une sagesse supérieure à toute sagesse humaine semble avoir indiqué quand elle a dit : Il y a des justes dans le malheur comme s'ils avaient fait les actions des méchans, et des méchans dans la sécurité comme s'ils avaient fait les œuvres des justes.

Et cependant, si la lutte est sortie des limites parlementaires, la responsabilité en appartient à qui la réclame, à ceux qui peuvent aussi réclamer les ordonnances, puisqu'ils ont employé quinze années à pousser le peuple et le prince dans ces dernières limites du droit où commence sa violation.

Il y avait dans la Charte un droit dont l'application rigoureuse, immodérée, suffisait pour tuer la Charte : celui de refuser l'impôt ou de ne le voter qu'à des conditions également destructives de la Charte. C'est sans contredit pour balancer un droit aussi redoutable que l'article 14 avait été placé comme une menace dans les nuages d'une rédaction équivoque. Mais le peuple et le prince avaient un égal intérêt à laisser dormir éternellement ces deux droits; et ce n'est que le jour où une faction implacable s'est armée du premier, que la royauté s'est vue contrainte à recourir au second. Cette faction, dira-t-on, n'était point homogène; et, décomposée aujourd'hui par sa victoire, elle pouvait l'être plus tôt au profit de la royauté légitime, pour peu qu'elle eût su en discerner et en adopter la partie saine. — Eh bien! ce symbole politique qui devait rassurer la couronne sur la loyauté des intentions, et qu'elle ne pouvait recevoir qu'à la tribune et sur le terrain de la Charte, elle l'a vainement attendu pendant quinze ans. Jusqu'au dénouement ceux qui prétendent à présent n'avoir point été complices se sont résignés à être solidaires. Dès lors plus de conciliation possible; les moyens et le but manquaient à la fois.

Napoléon, en 1814, a préféré l'abdication et l'exil aux débris de l'empire, parce qu'il avait jugé que le jour où il ne régnerait plus à Rome et à Hambourg son règne cesserait d'être possible à Paris. Ne nous étonnons plus que Charles X n'ait pas voulu recommencer Louis XVI, et se contenter des débris de la Charte mutilée, persuadé que la France ne se contenterait pas long-temps d'un roi vaincu par les factions. Père de nos institutions selon la Charte de 1814, le roi de France pouvait-il en devenir le fils? La Charte avait fait entrer la liberté dans la monarchie et non la monarchie dans la liberté. Que pouvait le roi de France, qui avait juré la Charte, contre ce principe qui la dominait tout entière?

Dans le gouvernement représentatif, tel qu'il s'était organisé en France depuis quinze ans par une altération progressive de la Charte, il ne pouvait y avoir une sagesse du gouvernement et une sagesse du peuple. Les erreurs et les vérités, toutes les passions bonnes et mauvaises, telles qu'elles se manifestaient dans le pays, étant devenu les élémens obligés du gouvernement, la responsabilité doit se diviser comme le pouvoir; elle est tombée dans les masses avec la souveraineté.

Si la royauté a été renversée, ce n'est donc pas pour s'être isolée de la France; c'est, au contraire, pour avoir trop vécu de sa vie, trop pensé avec elle, et par elle, pour avoir enfin trop présumé des lumières d'un pays où, après quarante années d'expérience, acquise à la chaleur des événemens, les mêmes illusions et la même ignorance en matière de liberté politique et de tolérance religieuse, ont pu ramener sur la scène M. de Lafayette et l'ancien évêque de Blois.

J'en appelle à tous mes contemporains, qui de nous en entrant dans le monde il y a vingt ans, s'attendait à voir remettre un jour en action, et revêtir de toutes les apparences de la vie ce qui alors n'était déjà pour nous que de l'histoire? Quel sera donc le dénouement de ce drame effrayant que continuent, après un si long entr'acte, les passions de deux siècles, et qui a des rôles pour les vieillards de 89 et les jeunes gens de 1831 ?

Le moment n'est pas éloigné où l'on s'étonnera moins que la royauté qui, par la Charte, avait voulu rendre hommage aux progrès de la France, et fixer la date d'une époque nouvelle, n'ait pas voulu rétrograder avec ses ennemis jusqu'aux essais malheureux de 90 et de 91.

Jouet de toutes les inconstances de notre humeur nationale, rassasiée tour à tour d'hommages et d'offenses, d'adorations et de haines, prise et quittée comme un manteau selon les temps, rejetée enfin comme une écorce qui a livré son fruit, cette royauté, que vos passions d'un jour menacent d'un exil éternel, vous vous flattez sans doute de ne conserver d'elle que tous les biens qui ont marqué son passage en France, l'intégrité du territoire, la liberté civile et politique, le crédit public, l'abolition de la confiscation et du divorce, etc., etc. Vous avez rompu avec elle, avant d'en avoir obtenu l'émancipation des communes et des provinces, celle de l'enseignement public, toutes les libertés enfin qui auraient fait vivre pendant des siècles la royauté de droit, et qui seraient mortelles à la révolution du 7 août.

Si assurés que vous êtes de l'avenir, vous n'avez pas même voulu accepter et retenir, pour garant de la conservation de tous les bienfaits de la légitimité, son enfant qu'elle nous avait offert, cet enfant que la France a nommé le sien, qui est né parmi nous, qui a été salué par nos étendards, que nos soldats ont porté dans leurs bras, et que vous condamnez, si jeune encore, à retrouver dans l'exil les traces du père que vous ne lui rendrez pas!

Que la sécurité qu'on affecte après de telles déterminations, arrêtées à la hâte sans le consentement national et au mépris de la plus antique de toutes les lois du pays, que cette sécurité soit sincère chez quelques personnes, et ne soit ébranlée ni par les déchiremens intérieurs qui nous menacent, ni par les alarmes et les arrière-pensées de l'Europe, que tôt ou tard il nous faudra vaincre ou rassurer, nous ne pensons pas, quant à nous, que la France partage une telle sécurité qui ressemblerait au sommeil sur les bords d'un abîme. Et le jour où nous craindrions de le déclarer devant Dieu et devant les hommes, nous aurions tout perdu, même l'estime de ceux qui se disent nos ennemis, et qui ne sont à nos yeux que des Français comme nous.

FIN.

www.ingramcontent.com/pod-product-compliance
Ingram Content Group UK Ltd.
Pitfield, Milton Keynes, MK11 3LW, UK
UKHW020331220726
13923UKWH00003B/1493